Hallo, liebe Salzteigfreunde!

Wir freuen uns, Sie im Kreise der Salzteig-Puppenmacher zu begrüßen. Mit diesem Buch wollen wir Ihre Begeisterung und Phantasie wecken. Modellieren Sie mit uns Ihre ersten Salzteigpuppen, und schon sehr bald werden Sie durch eigene Ideen Ihren ganz persönlichen Stil finden. Um Ihnen den Anfang etwas zu erleichtern, geben wir Ihnen unsere gesamte Erfahrung mit auf den Weg. Deshalb zeigen wir in diesem Buch auch nicht verschiedene Rezepte, die Sie erst selbst ausprobieren müssen, sondern nur das eine, das wir durch jahrelange Erfahrung für das beste halten. Dieses Rezept hat auch noch den Vorteil, daß Sie die Zutaten bestimmt alle zu Hause haben. Sie können also sofort mit dem Modellieren beginnen. Für Ihre erste Puppe zeigen wir Ihnen detailliert in einer Schritt-für-Schritt-Folge den Aufbau. Insgesamt finden Sie in diesem Buch die Anleitung zu 3 verschiedenen Puppentypen. Modellieren Sie nun nacheinander alle 3 Arten nach unserer Vorlage. Danach werden Sie in der Lage sein, jede andere Puppe aus diesem Buch nachzuformen. Mit etwas Phantasie erfinden Sie dann in Kürze Ihre ganz persönlichen Puppen.
Und vergessen Sie nicht: „Übung macht den Meister“.

Viel Spaß wünschen Heide und Iris

Rezept: 1 kg Mehl, 1 kg Salz
600 ml Wasser mit 2 Eßlöffel Öl

Zubereitung: In einer großen Plastikschüssel wird zuerst das Mehl mit dem Salz gut vermischt. Dann gibt man in einen Meßbecher zwei Eßlöffel Speiseöl und füllt bis 600 ml mit kaltem Wasser auf. Jetzt wird das Mehl/Salz-Gemisch mit der Flüssigkeit solange geknetet, bis das Ganze als kompakte Masse aus der Schüssel gehoben werden kann. Diese Masse teilt man in vier Teile und knetet jeden Teil einzeln mit sauberen, trockenen Händen kräftig durch. Der Teig soll zum Schluß wie eine gute Modelliermasse sein, die nicht an den Händen klebt. Um den Teig vor dem Austrocknen zu schützen, legt man ihn bis zur Verarbeitung in eine Plastiktüte.

Backen: Salzteigpuppen haben eine unterschiedlich lange Backzeit. Sie richtet sich nach der dicksten Stelle der Puppe und kann 6 bis 10 Stunden betragen. Die im Buch gezeigten Puppen haben eine Durchschnittsgröße von 20 cm.
Zuerst legt man Alufolie oder Backpapier auf das Backblech. Die Puppe wird direkt auf dem Backblech modelliert. Teile die aneinander kleben sollen, werden leicht mit Wasser angefeuchtet. Abstehende Teile können mit Alufolie abgestützt werden.

Sind die Puppen modelliert, schiebt man sie auf der untersten Schiene in den Herd und backt sie eine Stunde bei 100°C. Danach dreht man die Temperatur auf 150°C hoch. Nach 6 Stunden macht man die erste Nadelprobe. Dabei versucht man, mit einer dicken Stopfnadel an einer versteckten Stelle in die Puppe zu stechen. Fertig ist die Puppe, wenn man an keiner Stelle mit der Nadel eindringen kann. Dann legt man sie zum Abkühlen auf einen Rost.

Bemalen: Zum Bemalen eignen sich am besten Acryl-Farben. Diese Farben werden auch für Bauernmalerei verwendet. Angeboten werden sie von den Firmen Pelikan, Wacofin, Lukas oder Deka. Diese Farben sind wasserlöslich und untereinander mischbar. Die bemalte Puppe benötigt ca. 24 Stunden bis die Farbe gut durchgetrocknet ist.

Lackieren: Salzteigpuppen sollten immer lackiert werden. Erstens, weil der Lack die Poren verschließt und die Figuren somit vor Feuchtigkeit geschützt sind, und zweitens, weil die Farben durch den Lack mehr Leuchtkraft bekommen. Als Lack verwendet man am besten einen hochglänzenden Klarlack (z.B. Pelikan). Man achte darauf, daß die Puppen auf allen Seiten, also auch auf der Rückseite, gut lackiert sind.

So wird die Oma hergestellt

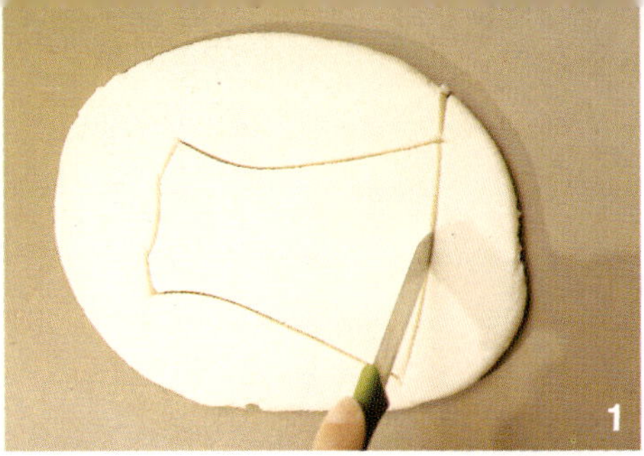

1. *Teig auf einer sauberen, glatten Unterlage mit einem Nudelholz ca. 1 cm Dick auswellen. Form des Kleides mit einem spitzen Küchenmesser ausschneiden. Länge ca. 16 cm. Zum Weitermodellieren das Kleid auf ein Backblech legen.*

2. *Um der Oberweite mehr Ausdruck zu verleihen, zwei kleine Kugeln unter das Kleid schieben und von vorne nachmodellieren.*

3. *Für den Faltenwurf der Schürze aus einer 1 cm dicken Teigrolle zwei 9 cm lange Stücke schneiden.*

4. *Diese Stücke wie in der Abbildung auf den Rock des Kleides legen und andrücken.*

5. *Aus einem neu ausgewellten Stück Teig die Schürze ausschneiden, nachdem die Länge an der Puppe abgemessen wurde.*

6. *Schürze auf das Kleid legen. Mit dem Zeigefinger den Faltenwurf vorsichtig nachdrücken.*

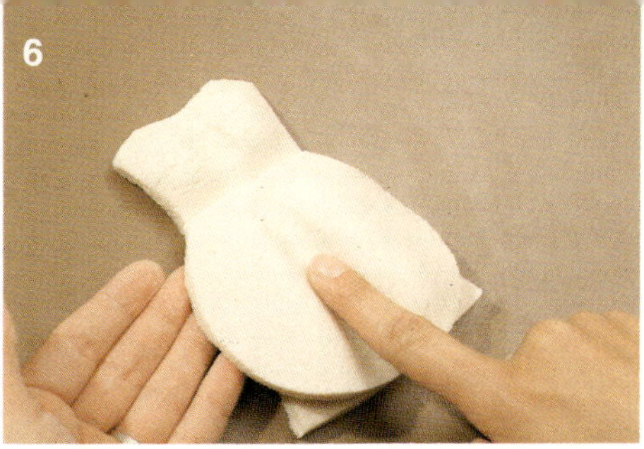

7. *Für das Schürzenband eine dünne Rolle formen. Länge an der Puppe abmessen und abschneiden.*

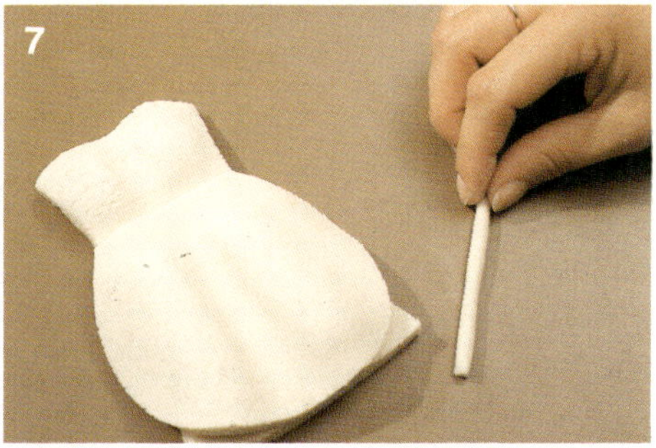

8. *Schürzenband auflegen und beide Enden gut andrücken.*

9. *Für die Arme eine Rolle von ca. 1,5 cm Dicke formen. Zwei 10 cm lange Stücke, wie auf der Abbildung gezeigt, abschneiden. Das eine Ende hat einen geraden, das andere einen schrägen Schnitt.*

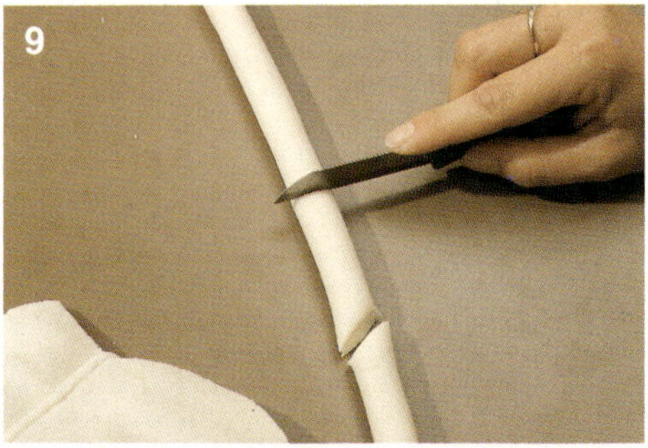

10. *Arme mit der schrägen Schnittkante an der Schulter andrücken und in Bogenform auf die Schürze legen.*

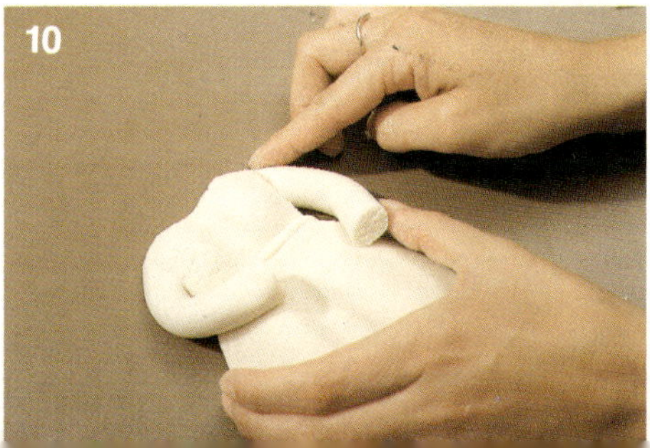

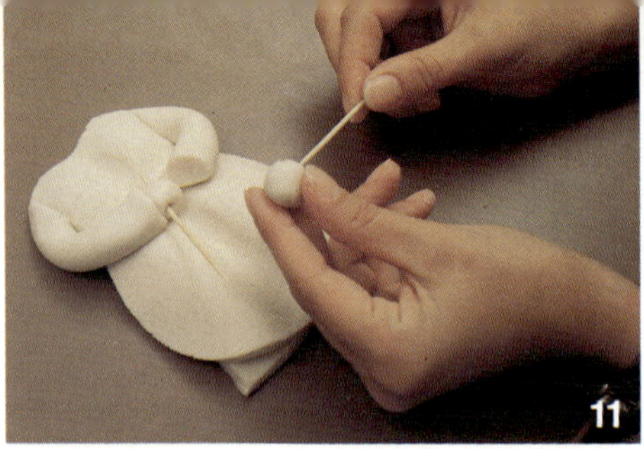

11. *Zwei kleine Kugeln als Hände auf je einen Holzzahnstocher schieben und an die Arme drücken. Strickhaltung beachten.*

12. *Für die Schulterflügel mit den Fingern zwei ovale, dünne Teigstücke formen.*

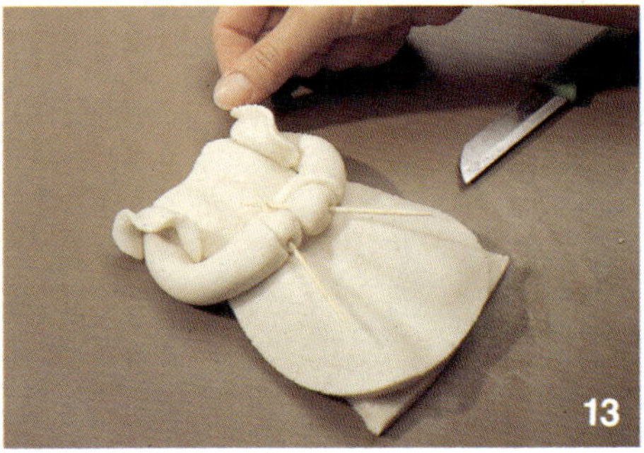

13. *Teigstücke an der Schulternaht aufsetzen und mit Daumen und Zeigefinger den Rand zu Wellen formen.*

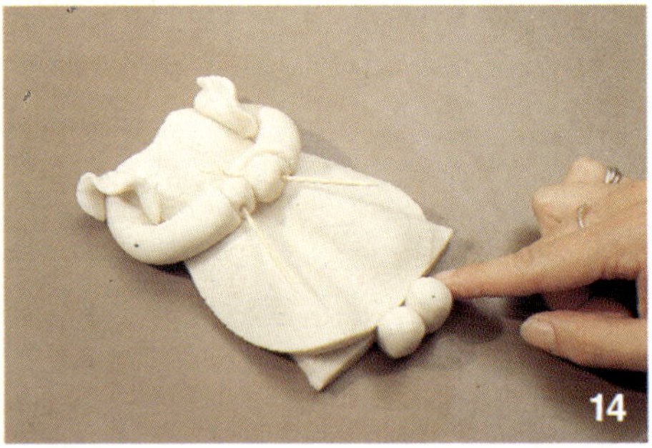

14. *Für die Füße formt man zwei eiförmige Kugeln und drückt sie an der Mitte des Rocksaumes gut fest.*

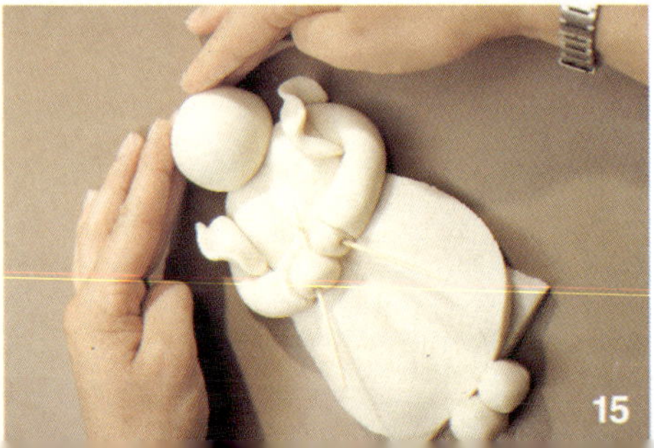

15. *Für den Kopf formt man eine Kugel, deren Oberfläche sehr glatt sein soll, um die Bemalung zu erleichtern. Die Glätte erreicht man, indem man die Kugel auf der sauberen Tischplatte mit der flachen Hand kreisförmig modelliert. Beim Aufsetzen des Kopfes die Proportionen beachten.*

16. *Um den Kopfansatz eine dünne Rolle als Halsband legen.*

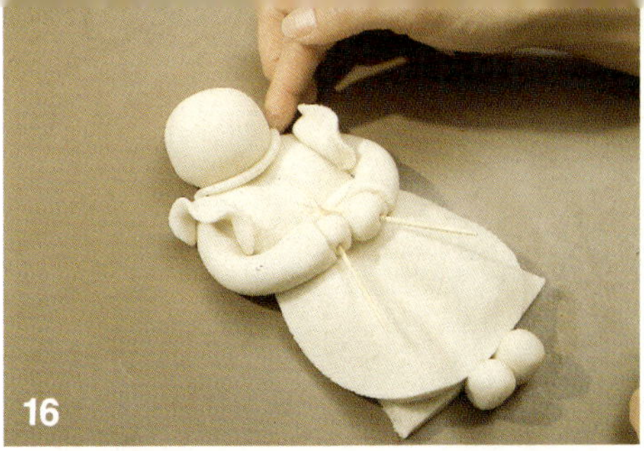
16

17. *Auf die Mitte des Halsbandes mit Hilfe eines Zahnstochers eine kleine Kugel aufdrücken.*

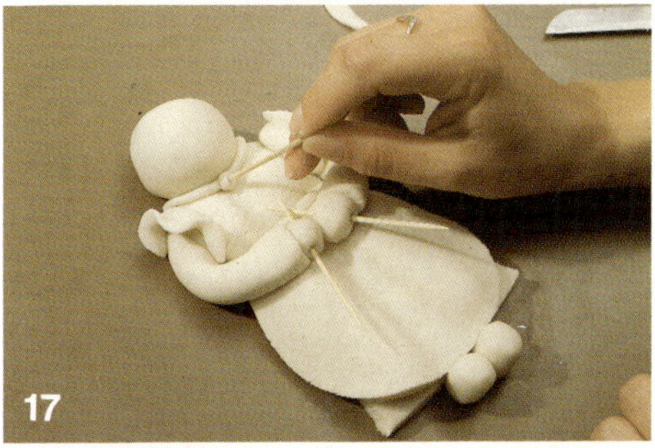
17

18. *Für die Haare den Teig durch eine Knoblauchpresse drücken und vom Scheitel aus nach beiden Seiten um den Kopf legen.*

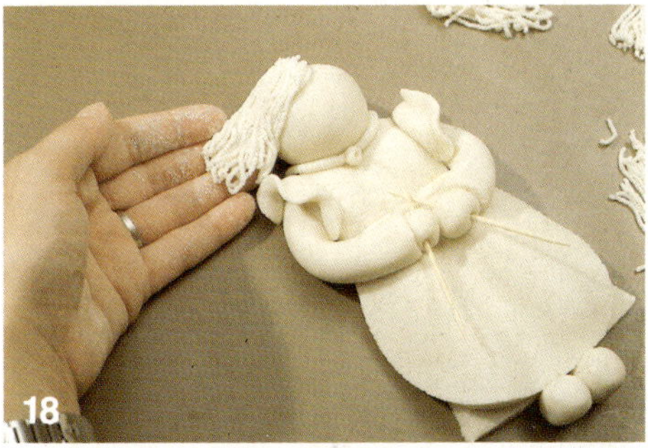
18

19. *Zum Schluß einen nicht zu kleinen Dutt formen und auf der Frisur gut andrücken.*
Jetzt ist die Puppe modelliert und fertig zum Backen.
Hinweise für das Backen auf Seite 2.

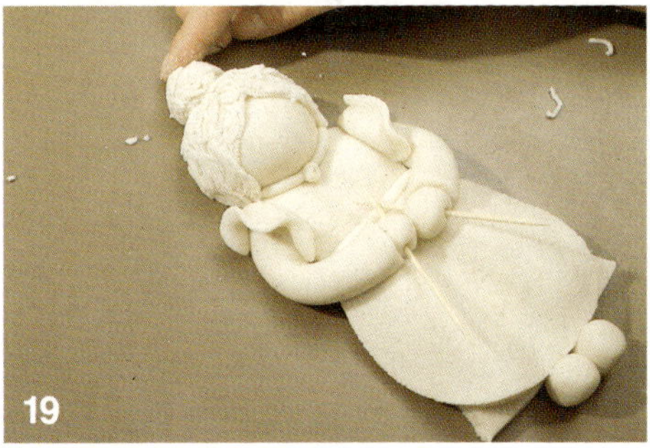
19

20. *Nach dem Backen und Auskühlen bekommt die Puppe einen Aufhänger. Hierzu verwendet man Schnur, die man mit einem Zwei-Komponenten-Kleber, z. B. Pattex Stabilit express, von hinten dick anklebt.*

20

Omas Gesicht

1. Das Aufmalen des Gesichts *erfordert etwas Geschick. Es ist ratsam, vorher mit einem Pinsel auf einem Stück Papier zu üben. Für ein gutes Ergebnis ist die Wahl des Pinsels sehr wichtig. Am besten eignet sich ein Marderhaarpinsel der Größe 1. Zuerst malt man die beiden Augenbögen mit den Pupillen.*

2. *Wer gut geübt hat, versucht nun zwei Kreise als Brille um die Augen zu malen. Sollte man mit dem Ergebnis nicht zufrieden sein, kann man das Ganze nach dem Trocknen mit einem spitzen Messer wieder wegkratzen.*

3. *Jetzt wird das Brillengestell vervollständigt und zwei Punkte für die Nase aufgemalt. Anschließend wird um die Pupille das Augenweiß eingemalt und der Lichtpunkt auf die Pupille gesetzt.*

4. *Den Mund malt man mit einem kräftigen Rot, wobei die Oberlippe stärker betont wird.*

5. *Zum Schluß bekommt die Omi noch rote Bäckchen. Man achte darauf, daß dabei die Brille nicht übermalt wird.*

So wird der Opa geformt

1. *Aus einer ca. 1,5 cm stark ausgewellten Teigplatte werden die Hose und der Oberkörper in einem Stück ausgeschnitten.*

2. *Die Jacketteile werden ebenfalls aus einer dünn ausgewellten Teigplatte ausgeschnitten.*

3. *Nun werden die beiden Jacketteile auf den Oberkörper aufgelegt und das Revers mit dem Daumen und Zeigefinger herausgeformt.*

4. *Mit einem spitzen Messer werden die Knopflöcher eingeschnitten.*

5. *Auf der Gegenseite der Knopflöcher werden als Knöpfe kleine Kugeln aufgesetzt. In jeden Knopf werden mit einem Zahnstocher zwei kleine Löcher eingestochen.*

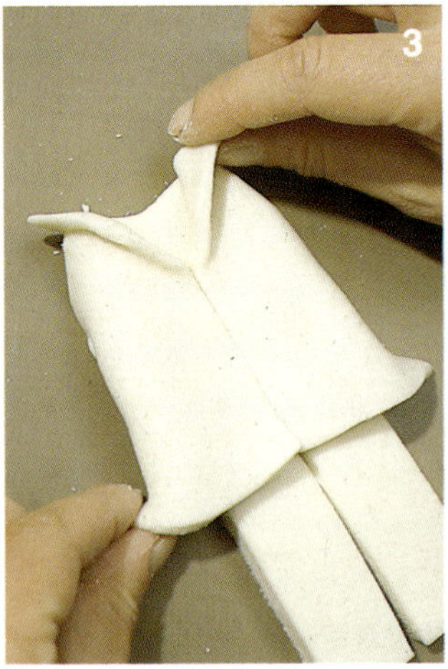

6. *Für die Arme eine Rolle von ca. 1,5 cm Dicke formen. Zwei 10 cm lange Stücke schneiden. Das eine Ende hat einen geraden, das andere einen schrägen Schnitt.*

7. *Arme mit der schrägen Schnittkante an den Schultern leicht andrücken. Für die Armhaltung den linken Arm etwas höher auflegen; er soll die Pfeife halten. Den rechten Arm in leicht gebeugter Stellung auf das Jackett legen.*

8. *Für den Kopf wird eine glatte Kugel geformt (Proportionen beachten), die auf den Schultern aufgesetzt wird.*

9. *Nun wird etwas Teig durch eine Knoblauchpresse gedrückt und in den entsprechenden Größen für Haare, Augenbrauen und Bart zugeschnitten.*

10. *Die Haare, Augenbrauen und Bart ganz vorsichtig aufsetzen. Vorher den Kopf an den Stellen leicht anfeuchten.*

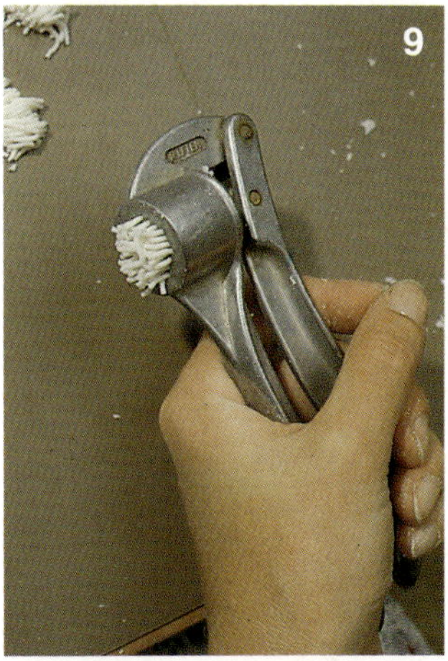

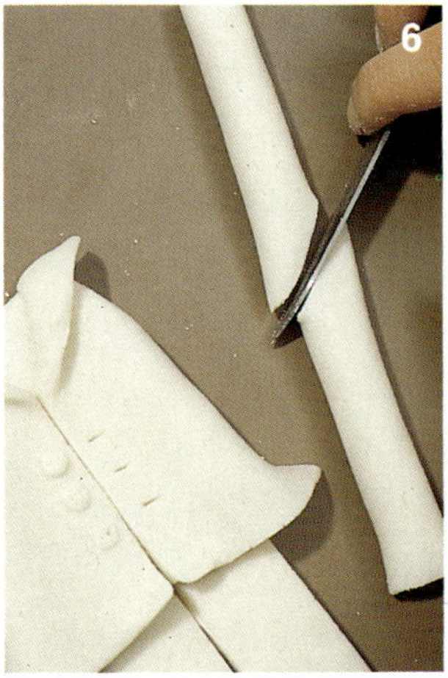

11. *Für die Nase wird eine kleine Kugel geformt, die in der Mitte oberhalb des Bartes aufgesetzt wird. Mit einem Zahnstocher wird ein Loch als Mund eingestochen.*

12. *Zuerst wird für den Pfeifenhals eine dünne Teigrolle geformt. Auf das Ende des Pfeifenhalses wird eine Kugel, in die vorher eine Vertiefung gedrückt wird, als Pfeifenkopf gesetzt.*

13. *Nun wird die Pfeife vorsichtig aufgesetzt. Das Mundstück wird in Opas Mund geschoben. Den Pfeifenkopf so auflegen, daß der Opa die Pfeife in der Hand halten kann.*

14. *Zwei Kugeln werden für die Hände geformt und am Arm angesetzt.*

15. *Für die Füße formt man zwei ovale Bällchen, die an der Hose angedrückt werden.*
Nun ist der Opa fertig und kann gebacken werden.

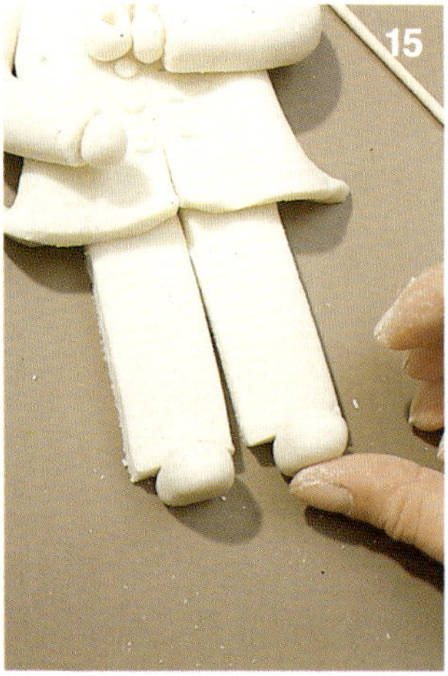

Salzteigfiguren in Szene gesetzt

Es kann sehr dekorativ sein, Salzteigpuppen zu Bildern zusammenzufügen. Manchmal bietet es sich sogar an, diese Szenen in einen Rahmen zu stellen. Die Figuren können Sie auf eine Salzteigplatte aufmodellieren oder erst nach dem Fertigstellen aufkleben. Stabilit express ist hierfür am besten geeignet. Die Idylle eines Nachmittagskaffees hat ihren Reiz. Während Oma mit heißem Kaffee wartet, eilen die Köche mit frischem Kuchen und Milchkännchen herbei.

Die Kinder vertreiben sich die Zeit mit ihren Spielsachen. Die große Schwester wiegt ihr Puppenbaby. Der Bruder spielt mit einem Ball (siehe Abb. oben).

Unterdessen findet am Wegrand ein kleines Rendezvous statt. Lesend nähert sich die junge Dame ihrem wartenden Verehrer, der unter einer Laterne steht (Abb. rechts).

Neureut

So können Sie Ihr Kinderzimmer dekorieren

Über diese lustigen Clowns freuen sich alle Kinder. Bei dem rothaarigen Clown wird als erstes die Hose aus einer dicken Teigplatte geschnitten, anschließend der Oberkörper mit den Armen modelliert. Ein Gürtel verbindet Oberkörper und Hose. Den Kopf mit leichter Schräghaltung aufsetzen. Für die Haare wird eine Teigplatte fransig geschnitten. Nach dem Auflegen die Fransen leicht nach außen biegen. Um dem Gesicht mehr Ausdruck zu verleihen, wird als Nase eine Kugel aufgesetzt. Zum Schluß wird der

Clown mit Hütchen, Halsschleife, Hosenträgern, Taschentuch und übergroßen Schuhen verziert. Ein originell aufgemaltes Clowngesicht gibt ihm sein heiteres Aussehen.
Ein weiteres Kinderzimmermotiv ist der Seppl und die Puppenmutti. Beim Seppl wird nach den Beinen, dem Oberkörper und den Armen die Kleidung aufgesetzt. Zuerst der Pullover mit Halstuch, danach die Hose mit den Hosenträgern. Auf beiden Seiten werden Hosentaschen eingeschnitten. Bei der Puppenmutti wird genau wie beim Seppl die Kleidung auf den Unterkörper aufgelegt. Rock und Mieder werden getrennt modelliert und mit einem Gürtel verbunden. Der rechte Arm verschwindet auf dem Rücken. Für die Zöpfe werden dünne Teigrollen geformt und geflochten. Der Hut besteht aus einer großen Teigplatte, bei der nach dem Aufsetzen die Krempe modelliert wird. In der linken Hand hält die Figur eine Puppe.

Oma und Opa

Mit ein bißchen Phantasie kann man aus dem Oma/Opa-Grundmotiv verschiedene Variationen entwickeln. Drei davon wollen wir Ihnen hier vorstellen. Welche Oma würde sich nicht über einen dieser fleißigen Opas freuen?

Fenster
Bei dem Fenster modellieren Sie zuerst die Puppe. Aus einer großen Teigplatte werden die beiden Vorhänge ausgeschnitten. Beim Auflegen des Vorhangs ist es besonders wichtig, auf den Faltenwurf zu achten. Zum Schluß wird der Fensterrahmen aus vier dicken Teigwürsten aufgesetzt.

Die blaue Figur
umfaßt ein Kind mit den Händen. Das Kleid des Kindes wird aus einer Teigplatte geschnitten, anschließend werden Arme, Kopf und Füße angesetzt.

Puppen mit Trocken- oder Seidenblumen

Als besonders dekorative Variante zeigen wir hier, wie man Puppen mit Trocken- oder Seidenblumen kombiniert. Die Körbe werden ebenfalls aus Salzteig modelliert. Dabei ist darauf zu achten, daß sie fest mit den Kleidern verbunden sind. Um die Blumen nach dem Bemalen und Lackieren der Puppe einkleben zu können, werden in die Körbe mehrere Löcher eingestochen. Sollte die Puppe die Blumen in der Hand halten, muß in die Kugel der Hand ein Loch gestochen werden. Als weitere Möglichkeit kann man der Puppe auch ein Apfelkörbchen in den Arm hängen. Die Äpfel werden aus kleinen Kugeln geformt, in die man Nelken steckt. Zwischen die Äpfel setzt man kleine Blätter. Besonders Geübte können auch die Blumen aus Salzteig modellieren.

Puppen mit Kinderwagen

Benötigen Sie ein ganz persönliches Geschenk anläßlich einer Geburt oder Taufe, dann modellieren Sie einen der hier gezeigten Vorschläge. Bei dem Motiv oben verwenden Sie die auf Seite 21 beschriebene Blumenpuppe. Für den Puppenwagen wird aus einer dicken Teigplatte mit Hilfe eines Glases eine Scheibe ausgestochen. Anschließend wird das obere rechte Viertel mit einem Messer weggeschnitten. Das Verdeck des Kinderwagens wird durch Kerben, die vom Mittelpunkt ausgehend eingedrückt werden, plastisch hervorgehoben. Um den Puppenwagen fest mit der Puppe zu verbinden, setzt man ihn auf einen Teil des Rockes auf. Die Räder bestehen aus einer flachgedrückten Kugel, in die Kerben als Speichen eingedrückt werden. Auf den Mittelpunkt des Rades setzt man eine kleine Kugel. Die Rüsche am Dach wird aus einer flachgedrückten Rolle modelliert und die Decke aus einer Kugel.

Bei dem Puppenwagen mit Mutter und Kind wird die auf Seite 25 beschriebene seitliche Puppe in zwei verschiedenen Größen modelliert. Achten Sie bei dieser Variante auf die feste Verbindung der einzelnen Teile.

Modellieren einer seitlichen Puppe

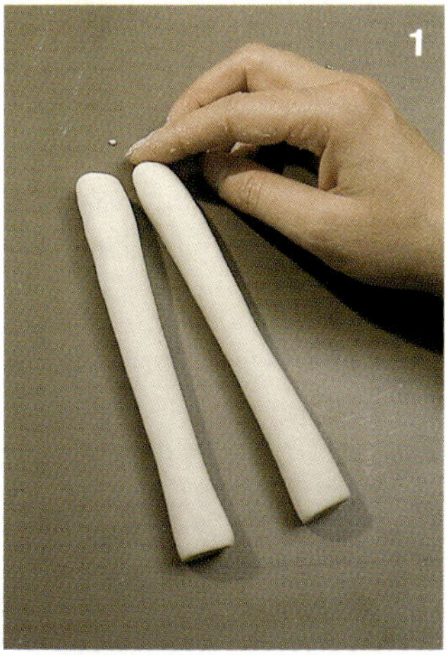

1. *Für die Beine aus einer ca. 1,5 cm starken Teigrolle zwei 13 cm lange Stücke schneiden und nebeneinander auf das Backblech legen.*

2. *Teig ca. 0,2 cm stark ausrollen und die Form des Kleides ausschneiden.*

3. *Das Kleid mit schwungvollem Faltenwurf auf die Beine auflegen und entsprechend der Kleiderform modellieren.*

4. *Ähnlich wie das Kleid, nur etwas kleiner, nun aus einer ausgewellten Teigplatte die Schürze ausschneiden.*

5. *Die Schürze ebenfalls mit leichtem Faltenwurf auf das Kleid auflegen.*

6

7

6. *Aus einem ausgewellten Stück Teig werden für das Schürzenband vier schmale Streifen geschnitten. Zwei Teile in Schleifenform aufsetzen, die anderen beiden Stücke als Enden daruntersetzen. Eine Kugel ergibt den Knoten.*

7. *Für den Arm eine 1,5 cm dicke Rolle formen. Ein Stück von ca. 9 cm Länge, wie abgebildet, herausschneiden. Das eine Ende hat einen geraden, das andere einen schrägen Schnitt.*

8. *Arm mit der schrägen Schnittkante ansetzen, leicht andrücken und in die gewünschte Armhaltung bringen. Für den Armflügel mit den Fingern ein ovales dünnes Teigstück formen.*

9. *Teigstück oberhalb des Armes ansetzen und mit Daumen und Zeigefinger den Rand wellig formen.*

10. *Für den Kopf eine Kugel formen, die, nachdem die Ansatzstelle angefeuchtet wurde, angesetzt wird.*

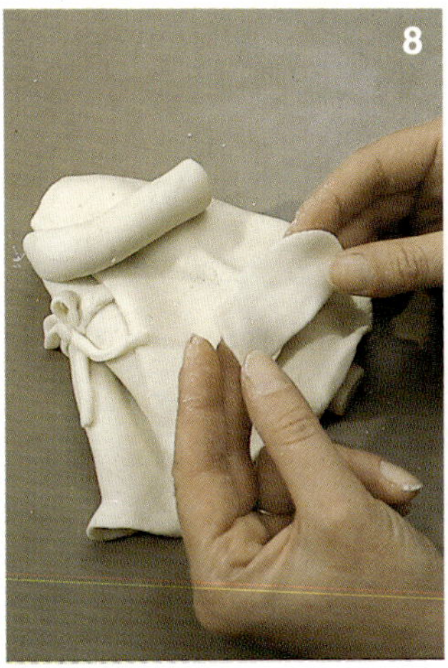
8

9

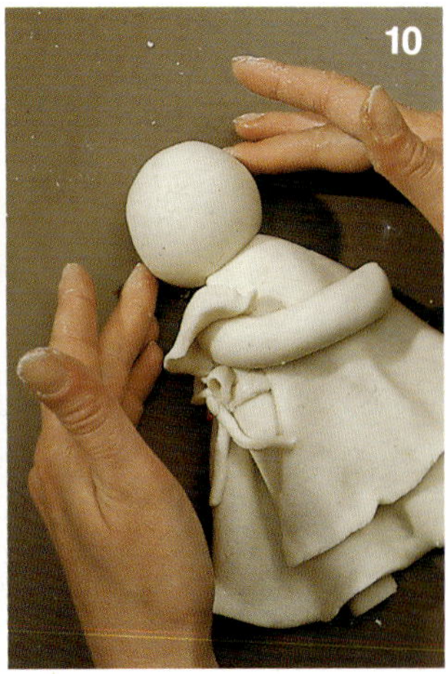
10

11. *Die Haare entstehen aus einer oval geformten Teigplatte, die um den Kopf gelegt wird.*

12. *Mit einem spitzen Messer nun die Haarstruktur einritzen.*

13. *Als Hand dient eine kleine Kugel, die an das Ende des Armes angedrückt wird.*

14. *Für die Füße formt man zwei ovale Bällchen und drückt sie fest in Laufrichtung an die Beinenden an.*

15. *Wenn die Puppe fertigmodelliert ist, kann sie zum Backen in den Herd.*

Bei diesem Motiv wird zuerst der Junge geformt. Bevor man dessen vorderen Arm aufsetzt, wird das Mädchen modelliert. Kleider und Köpfe werden miteinander verbunden. Zum Schluß legt man den Arm des Jungen um das Mädchen. Achten Sie auf einen schwungvollen Ausdruck in Kleidung und Beinstellung.

Modellieren von Puppenpärchen

Mit diesen drei Motiven wollen wir Ihnen eine Anregung für das Modellieren von Puppenpärchen geben. Ob Sie nun eine strickende Oma mit einem wolletragenden Opa kombinieren oder eine wäschetragende Hausfrau mit einem Mann, welcher den Wäschekorb trägt, der Vielfalt sind keine Grenzen gesetzt. Lassen Sie Ihrer Phantasie freien Lauf. Wollen Sie solche Pärchen verschenken, überlegen Sie doch einmal, ob Sie nicht speziell die Beschenkten in dieser Weise darstellen können.

Weihnachtliche Motive

Für den Nikolaus wird eine seitliche Puppe modelliert. Der Mantel sollte dabei recht lang gehalten werden. Der weiße Pelzbesatz besteht aus einer langen Teigrolle, die nach dem Aufsetzen mit dem Messer etwas eingeritzt wird. Nicht zu klein halten sollten Sie den langen weißen Bart, ohne den man sich einen Nikolaus kaum vorstellen kann. Die Zipfelmütze wird aus einer Teigplatte geformt, die man um den Kopf legt, die Spitze muß dabei etwas herausgezogen werden. Am Ende wird ein kleiner Bommel aufgesetzt. Da er durch den tiefen Schnee laufen muß, braucht er natürlich dicke warme Stiefel. Als letztes den großen Sack, in dem sich die vielen schönen Geschenke befinden.

Eine ebenfalls schöne Weihnachtsdekoration ist ein kleiner Engel. Als erstes werden hierfür die Flügel aus einer Teigplatte ausgeschnitten, dann die Puppe darauf modelliert. Für die Bemalung sollte außer weißer Farbe auch Gold verwendet werden.

Auch **Türschilder** lassen sich aus Salzteig modellieren. Als Beispiel zeigen wir Ihnen hier ein lustiges Toilettentürschild (Abb. siehe unten links).

Lieben Sie das Nostalgische, dann setzen Sie **Salzteigbüsten in Rahmen.** Die Rahmen drehen Sie aus zwei langen Teigrollen, die oben geschlossen werden. Zum Aufhängen setzt man eine Schlaufe daran.

Puppen aus gefärbtem Teig

(Abbildungen siehe Seite 37 u. 38)

Puppen mit ausgesprochenem Salzteigcharakter erhalten Sie, wenn Sie den Teig natur und eingefärbt verwenden. Zum Einfärben eignet sich am besten entölter Kakao. Je nach Menge erreichen Sie dunklere oder hellere Brauntöne. Besondere Effekte erzielen Sie durch eingedrückte Muster in Schürzen oder durch aneinandergelegte dunkle und helle Teigstreifen bei Röcken. Auch verschiedene Brauntöne, innerhalb einer Puppe verwendet, ergeben interessante Variationsmöglichkeiten.

Mädchen mit Blumenkorb

Puppen aus gefärbtem Teig

Marktfrau

*Kreationen aus porzellan-
ähnlichen Modelliermassen*

Für alle Geübteren zeigen wir hier, wie man aus fertig gekauften Modelliermassen Schmuck und Puppen herstellen kann. Diese Modelliermassen gibt es in verschiedenen Farbtönen, die untereinander mischbar sind. Sie können aber auch Porzellanweiß verwenden, das Sie nach dem Backen entsprechend bemalen. Dieses Material läßt sich sehr fein modellieren, daher können Sie aufwendiger arbeiten und mehr ins Detail gehen. Die fertigen Arbeiten werden auch mit Klarlack lackiert.

Aufbau einer Anstecknadel

1. *Für den Kopf formt man zuerst eine Kugel. Darunter wird eine flache Büste gedrückt.*

2. *Dann rollt man zwei dünne Stränge, die man miteinander verdreht.*

3. *Diese legt man, wie die Abbildung zeigt, als Frisur um den Kopf.*

4. *Aus einer Kugel wird mit den Fingern ein dünnes, ovales Stück für den Hut geformt.*

5. *Jetzt drückt man den Hut über die Frisur und gibt ihm die passende Form.*

6. *Mit einem spitzen Messer werden in die Büste Kerben als Muster gedrückt.*

7. *Jetzt drückt man einen dünn ausgerollten Strang mit dem Zeigefinger flach und löst ihn mit einem scharfen Messer von der Unterlage.*

8. *Aus diesem Stück formt man nun eine Schleife.*

9. *Diese Schleife wird auf die Büste aufgesetzt und in die passende Form gelegt. Auf die Mitte der Schleife drückt man eine kleine Kugel.*

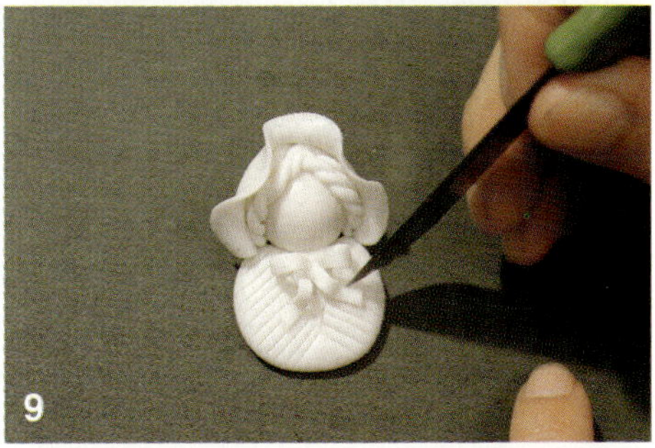

10. *Nach dem Backen und Auskühlen werden für den Anstecker die gleichen Farben wie bei den Salzteigpuppen verwendet. Besonders schön wirkt die Farbe Gold, wenn man damit die Ränder verziert. Um die Farbe kratzfest zu machen und den Porzellaneffekt hervorzuheben, sollte man den Anstecker lackieren. Auf die Rückseite klebt man mit Stabilit eine Anstecknadel.*

Die **Puppe mit der Kaffeekanne** zeigt, daß man mit diesem Material sehr kleine, fein gearbeitete Figuren modellieren kann. Der Aufbau der Puppen ist derselbe wie bei den Salzteigpuppen.

Die gleichen **Büsten** wie für die Anstecknadeln kann man auch in Rähmchen setzen und an die Wand hängen. Für die Bemalung ist es unbedingt erforderlich, dünne Marderhaarpinsel zu verwenden.

Es empfiehlt sich, die besondere Form der Augen zuvor auf einem Papier zu üben. Die Rähmchen um die Büsten werden aus zwei langen Rollen gedreht, die oben geschlossen werden. Zum Aufhängen setzt man oben eine Schlaufe dran. Wer Freude am feinen Modellieren hat, kann auch einmal versuchen, eine ganze Figur in ein solches Rähmchen zu setzen. Das hier gezeigte Mädchen mit der Tasche ist in Originalgröße abgebildet.

Hampelmann

Um den besonderen Porzellanschimmer des Materials deutlich hervorzuheben, werden bei dieser Figur nur die Rüschen, Haare und Knöpfe mit einem zarten Rosa bemalt. Zum Schluß werden die Ränder mit Gold verziert. Sehr klein modelliert ist dieses Motiv auch als Anstecknadel zu verwenden.

Bei dem **Tennisspieler** werden zuerst die Beine, dann der Oberkörper und die Arme geformt. Die Kleider werden danach aufgesetzt. Anschließend folgen Kopf, Haare und Tennisschläger. Die Hände werden geformt und angedrückt. Zum Schluß werden die Schweißbänder um Kopf und Handgelenk gelegt.

Ein hübsches Kinderzimmermotiv ist der **kleine Junge im Bett.** Modelliert wird in der Reihenfolge: Bett, Vorhang (mit großzügigem Faltenwurf), Puppenkopf, Bettdecke, Arm, kleine Puppe und Nachttopf.

Ganz besonders eignet sich die Modelliermasse für das Ausformen von **Türschildern.** Da sie besonders leicht ist, kann man die fertigen Schilder mit doppelseitigem Klebeband an der Tür befestigen.

Für die Schrift verwenden Sie am besten einen sehr dünnen Marderhaarpinsel.

Warum haben wir dieses Buch geschrieben?

Seit Jahren modellieren wir Salzteigpuppen und andere Dekorationen aus diesem Material. Wir gehen damit auf Kunsthandwerker- und Weihnachtsmärkte. Dabei werden wir immer wieder gefragt, ob wir nicht einmal Kurse abhalten könnten. Das größte Interesse bestand auf dem Gebiet des Puppenmodellierens. Da wir beide verheiratet sind und jede von uns zwei kleine Kinder hat, war es uns bisher nicht möglich, diesen Wünschen nachzukommen. So entstand die Idee, einen Puppenkurs in Form eines Buches abzuhalten. Wir hoffen, daß unsere Erklärungen ausführlich genug sind und keinerlei Fragen offen bleiben.
In den Jahren, in denen wir mit Salzteig gearbeitet haben und daraus Puppen und andere Dekorationen entstehen ließen, haben wir festgestellt, wieviel Freude man daran haben kann, neben Haushalt und Kindern auch einmal etwas Kreatives zu tun. Unser Ziel ist es, die Begeisterung, die unsere Arbeit begleitet, an Sie weiterzugeben.
An dieser Stelle möchten wir uns auch recht herzlich bei unseren Ehemännern für ihre Beratung und Mithilfe bedanken.

Iris Buresch und Heide Psotka

ISBN 3-7724-0656-4 · Best.-Nr. 911

Auflage: 22. 21. 20. | Letzte Zahlen
Jahr: 1992 91 90 89 | maßgebend

frech-verlag
GmbH + Co. Druck KG Stuttgart
Druck: Frech, Stuttgart 31

Text und Modelle:
Heide Psotka, Hochstetter Weg 5, 7513 Stutensee/Spöck
Iris Buresch, Zypressenweg 26, 7500 Karlsruhe 31